아버지의 색소폰

인문학 시인선 039

아버지의 색소폰
백정희 첫 시집

제1쇄 인쇄 2025. 6. 25
제1쇄 발행 2025. 6. 30

지은이 백정희
펴낸이 민윤식
펴낸곳 인문학사

등록번호 제 2023-000035
서울시 종로구 종로19(종로1가) 르메이에르빌딩 A동 1430호
전화 : 02-742-5218

ISBN 979-11-93485-36-1 (03810)

ⓒ백정희, 2025
Printed in Seoul, Korea

*잘못 만들어진 책은 본사나 구입하신 서점에서 교환하여 드립니다.
*이 책은 저작권법에 의해 보호받는 저작물이므로 저작자와
 출판사의 서면동의 없이는 무단 전재와 무단복제를 금합니다.

인문학 시인선 039

백정희 첫 시집
아버지의 색소폰

인문학사

시인의 말

   저의 아버지는 늘 한결같은 분이셨습니다. 친구처럼, 때론 오빠처럼 다정했고, 항상 절대적으로 제 편이 되어 주셨던 분. 고등학생이 된 저를 업어주실 만큼 사랑을 아끼지 않으셨던 따뜻한 아버지셨습니다.
   얼마 전 아버지를 천국에 보내드렸습니다. 아직은 믿기지 않고, 거리 곳곳에서 아버지의 흔적을 마주할 때마다 눈물이 납니다.
   모든 일상 속에 아버지의 흔적이 남아 있어서 슬픔이 불쑥불쑥 마음을 적십니다. 아버지는 떠나셨지만, 제 안엔 여전히 살아 계십니다.

   저의 어머니는 말없이 모든 것을 내어주신 분이셨습니다. 어머니를 떠올리면 세상의 모든 사랑이 담겨 있습니다. 늘 자신보다 가족을 먼저 생각하셨고, 그 마음은 말보다 행동으로 전해졌습니다. 무더운 여름날, 장을 보고 오시며 온몸이 땀에 젖어 있었지만 손에 든 작은 부채는 늘

제 얼굴을 향하고 있었습니다. 겨울날 눈보라가 몰아치던 밤, 어머니께서는 버스 정류장에 마중 나와 저를 기다리셨고, 당신의 목에 있던 목도리는 말없이 제게 감아주셨습니다.

그때는 미처 몰랐습니다. 그 모든 순간이 사랑이었다는 걸. 제가 결혼을 하고, 아이를 키우며 비로소 어머니의 마음을 조금씩 이해하게 되었습니다. 그 사랑이 얼마나 크고 깊은지, 제가 엄마가 되고 비로소 알게 되었습니다.

아버지, 어머니, 하늘나라에서 두 분 함께 평안하시기를 바랍니다. 정말 많이 보고 싶습니다. 아버지, 어머니 진심으로 사랑합니다.

2025년 초여름 부모님을 그리며
백 정 희

contents

004 시인의 말

1 — 행복

012 첫
013 호수의 아침
014 사랑이 머무는 집
015 놀이터
016 쉼, 풀잎 위에서
018 봄의 노래
020 봄비가 오네요
022 철쭉의 노래
024 여름
026 울릉도 가는 길
028 그곳에 가면
030 비빔국수
031 보랏빛 섬
032 가을아 언제 올 거니?
033 둥지
034 가야금
036 탯줄 위의 춤
038 산줄기 강줄기-춘천

2 – 사랑

040 소년이 제게로 왔습니다
041 빛
042 군밤
043 님을 기다리며
044 영원히 함께라서
046 기도
047 사랑으로 잇는 인연
048 함께 하고 싶어서
050 딸에게
051 주님의 십자가

3 – 길 위에서

054 새벽 국밥 한 그릇
055 낙화
056 소나무의 눈물
058 거울 속의 나
059 여백
060 깎이고 깎여

061 혀
062 바다의 숨결
063 잃어버린 우산
064 흔들리는 길 위에서
065 낙타처럼
066 빛바랜 사진
068 차례를 기다리는 물고기들
070 샤워
072 신도림의 꿈
073 새로운 길
074 기울어진 어깨
075 밤의 굶주림
076 태엽인형의 행진
077 돌아가는 길
078 하얀 고통

4 — 해마다 4월이면

080 아버지의 뒷모습
081 그 손을 꼭 잡고
082 기타 다시 노래하다
083 어머니의 부엌
084 순돌이

086 아버지의 색소폰
088 엄마가 되고 보니
090 아버지의 구두를 닦으며
092 아빠가 딸 사랑해
093 가슴 속에 내리는 비
094 큰어머니의 구순
096 해마다 4월이면
098 무덤 위에 돋은 쑥
100 임종-이승과 저승 사이
101 기억의 저편
102 유족대표 인사

평설
105 생명 에너지, 영성적인 깨달음/허형만

1

행복

첫

'첫' 이란
설렘이다

'첫' 이란
두려움이다

'첫' 이란
기대이다

'첫'이란
누구나 지나야 하는
관문

'첫'을 지나
익숙함으로
편안함으로
때론 귀찮음으로

그러나

'첫' 이란
영원한 떨림이다

호수의 아침

물결도 숨을 죽이는
고요한 새벽
나무들이 속삭이듯 흔들리고
햇살은 수면 위로 미끄러지며
은빛 물결 위에
황금색으로 수를 놓는다

바람은 살며시
아침의 향기 실어 오고
물안개 피어오른
호숫가 벤치에
노부부가 커피 잔을 들고 앉아
조용히 손을 맞잡는다

멀리서 자전거 바퀴 소리 들려오고
오솔길 따라 번진 물안개 서서히 걷히면
이슬 맺힌 풀잎 위로 아침이 내려앉는다

새 아침을 맞이하는 순간
내 마음도 호수처럼 잔잔히 깨어난다
그 맑음의 순간에
내 영혼도 투명한 물빛으로 빛난다

사랑이 머무는 집

태어나기 전
내 집은
엄마의 자궁

세상에 나와
내 집은
엄마의 품

집은
숨을 쉬고
잠을 자며
사랑의 수액으로
상처를 치료하고
생명을 유지하는

집은,

집은
사랑이다

놀이터

조용하던 놀이터 오후가 되면
꽃망울 터지듯 아이들 웃음소리 들려온다
밤색 목마 미끄럼틀에서
하나, 둘 아이들이 미끄러져 나오고
노란 배 모양 시소
먼저 하늘에 닿겠다고 힘껏 발을 구른다

산책 나온 강아지 먼저 나온 강아지랑 반갑게 인사하고
학교에서 돌아온 아이들 그네 옆에 가방 던져두고
까르르 깔깔거리며 뛰어다닌다

유치원 종일반에서 엄마와 함께 하원 한 아이들
모래 놀이터에서 신나게 놀고
엄마들 옹기종기 모여 하하 호호, 하하 호호
갖가지 저녁 메뉴로 토론이 벌어진다

놀이터의 꽃망울 터지는 소리
들리고 또 들리고, 또 들리더니
터진 꽃망울 꽃잎 되어 꽃비로 내게 온다
꽃비로 네게 간다
온 세상 꽃향기 가득 채우려 꽃비가 내린다.
왁자하던 놀이터가 오늘따라 평화롭고 경건하다

쉼, 풀잎 위에서

안성 들판 끝자락에
여섯 평 바람이 머무는
작은 집 하나 지었다
햇살은 지붕 위에 내려앉고
바람은 잠시 쉬어가며
숨을 고르는 곳

손바닥만 한 텃밭에
상추가 피어나고
붉은 방울토마토가
주렁주렁 매달리는 밤이면
오이는 살금살금 담장을 넘고
가지와 고추는 서로 기대어
푸른 대화를 나눈다

삶의 언덕에 마련한 쉼터에서
자연은 나를 가꾸고
나는 자연을 닮아가며
천천히 자연으로 돌아간다
흙, 바람, 햇살, 그리고 고요
풀잎 위에 잠든 작은 이슬처럼

나는 조용히 자연이 된다

쉼이란,
무언가를 멈추는 게 아니라
천천히 돌아가는 것
내 본래의 자리로

참된 쉼은 그리 멀리 있지 않았다.

봄의 노래

하얀 눈이 솔솔 내리는 날
수줍은 듯 어렴풋이 보이는
푸른 나무순의 미소를
보신 분 계시나요?

맑은 유리처럼
속이 훤히 들여다보이는
냇가 살얼음 밑에서
송사리들이 하품하는 소리
들으신 분 계시나요?

차가운 겨울바람 맞으며
봄을 기다린 길가의 개나리가
노란 봄옷 펼쳐두고
봄을 재촉하는 모습
보신 분 계시나요?

가만히 보니
봄의 노래가 시작되려나 봅니다
먼동 트기 전
얼른 겨울 이불을 걷고 나와

나도 봄의 노래 부르러 가야겠네요

목청껏 봄을 부르면
겨울은 저만치 물러가고
어느새 봄이 내 곁으로 와
봄의 노래를 부르겠지요

봄비가 오네요

봄비가 오네요
연락도 없이
부르지도 않았는데
봄비가 오네요

겨우내 눈보라 속에서
차디찬 얼음 밑에서
어찌 혼자 견뎠냐고
두 눈 반짝이며
말 걸어오네요

못 본 척

두 눈 꼭 감고
숨죽인 내게
꽃향기 머금은 물
내 마음에 뿌리고
가만가만
봄비가 오네요

다시는 피지 못할 꽃처럼

향기의 흔적조차 없는
겨울 끝자락에
꽃샘추위 질투 달래주며
차디찬 대지 위로

가만가만
봄비가 오네요

철쭉의 노래

봄이 끝나는 길목에
철쭉들이 노래를 시작한다
여린 꽃망울들
조심스레 입을 떼고
바람결에 실려 온 첫 음이
서서히 숲의 고요를 깨운다

핑크빛 소프라노
맑게 울리고
주홍빛 메조소프라노
바람결에 스미며
하얀빛 알토
깊게 내려앉아
대지의 심장 두드린다

처음엔 피아니시모로 살며시
한 떨기, 두 떨기 철쭉꽃 음을 쌓더니
이내 포르테, 포르티시모로
웅장한 음악이 되어
경이롭기까지

바람이 지휘자 되어

잎사귀 흔들며 박자를 맞추고
마지막 꽃잎마저도 불사를 듯한
철쭉들의 정열적인 목소리

그렇게,
봄이 떠나는 길목에서
철쭉들은 마지막 합창을 부르며
거대한 꽃물결 되어
하늘로, 하늘로 번진다

여름

뜨거운 불이 춤춘다
하늘에서, 땅에서
그리고 내 속에서

먹구름 한 자락, 두 자락
뜨거운 불덩이 덮어버리니
아픔을 못 이기고 몸부림치며
괴성을 질러 댄다

불의 괴성이 하늘을 찢으며
찬 눈물을 쏟아낸다
한바탕 쏟아낸 눈물로
온 천지가 바다가 되었다

활활 타오르던 뜨거운 불덩이들
온 세상 뒤덮은 눈물에 꺼져가고
미움과 증오와 불신이
희뿌연 연기로 증발해 버렸다

청명해진 하늘
불덩이들의 흔적조차 찾을 수 없다

뜨거워서 괴로웠던

지난여름의 아픔들이

희미한 흉 자국으로

가슴 한구석에 자리하고 있다

울릉도 가는 길

평촌에서 후포까지 348킬로를 달려
후포항에 도착하니
짙은 바다 내음이 온몸에 스민다
다시 배를 타고 울릉도까지 165킬로
바닷길을 가노라니
창밖은 맑고 햇살도 좋은데
속은 울렁울렁, 울렁울렁

누군가 건넨 멀미약 한 알
꿀꺽 삼키고 나니
기적처럼
몸도 마음도 잠잠해진다

멀미약 덕분이었으리!

살다 보면
토할 것 같은 하루가 있고
내리고 싶은 삶의 항로도 있지만
누군가 내게 베푼
멀미약 같은 말 한마디
멀미약 같은 마음 하나

그게 사람을 버티게 한다는 것을
숨을 돌리게 한다는 것을
이제 알 것 같다

흔들리는 길 위에서
우리가 끝내 도달해야 하는 곳은
섬처럼 단단한 마음 하나라는 것을

그곳에 가면

1973년
서울 광진구에
세상에서 가장 큰 놀이터가 생겼다
그곳에 가면
누구든 행복한 어린이가 되고
웃음이 절로 피어나
자꾸만 가고 싶어지는 곳

충청남도 금산에서
한평생 인삼 농사만 지으시던
할아버지, 할머니
서울에 오셔 모시고 가면
환한 얼굴로 하시던 말씀

"오래 사니 이게 웬 호강이래"
"너~무 좋구먼"

해맑은 미소 지으시며
순간 어린아이가 되신다
주름 사이로 번지는 미소와
반짝이는 눈물

잠시지만 동심으로 행복하셨으리라

그곳에 가면
누구나 행복한 어린이가 되는 마법
50여 년이 지난 지금
나도 그곳에 가서
행복한 어린이가 되고 싶다

비빔국수

소면의 긴 면발처럼
우리의 삶도 이어지고
매콤한 고추장처럼
하루가 환하다.

단맛, 신맛, 매운맛이 어우러진
국수를 휘휘 비비다 보면
기쁨도 슬픔도 한데 뒤섞여
한 그릇 국수에 인생이 담겼다

값싼 플라스틱 그릇에 담겼어도
고추장, 식초, 설탕이 어우러져
맛난 비빔국수가 되고, 때로
허기진 마음을 채우는 뜨거운 온기가 되니

살아간다는 건
이렇게, 비빔 국수처럼
서로의 맛을 맛있게 맞추어 가는 일이다

보랏빛 섬

보랏빛 섬에 갔다
온통 보랏빛으로 물든 섬에서
나도 보라가 되었다

둘레길을 걷노라니
보랏빛 고추바람이 온몸에 스민다
보라는 빨간색과 파란색의
힘과 우아함을 합쳐 놓은 색이라더니!

보랏빛 고추바람이
휘날리는 머리카락과 머플러에
내 속의 상념들을 날려 보내고
아픔과 슬픔의 잔상들을 보라로 물들인다

세찬 바람에서
우아함과 화려함이 향기롭게 느껴진다
멀리 수평선에 까치놀이 일고 평화롭다

가을아 언제 올 거니?

가을아 언제 올 거니?

삼복더위란 말이 수긍이 가던 때도 있었다
초복, 중복, 말복 더위가 물러나면
적당한 시기에 어김없이 가을이 왔으니

올해는 더워도 너무 덥다
바람은 멈춘 듯 뜨겁고
해는 한결같이 내려꽂힌다
끝을 알 수 없는 계절의 장난
이젠 삼복더위가 아니라
오복, 칠복더위가 될지도 모르겠다

이상기후가
자연환경의 파괴 때문이라고 하지만
어찌 자연만 파괴되고 있으랴
우리의 마음도, 세상의 온기도 차츰
파괴되고 있음을 뉴스를 통해 확인한다

더워도 너무 더워 힘겨운 여름을 보내며
우리는 무엇을 지켜야 할까

가을아 언제 올거니?

둥지

바람이 불고 비가 오니
둥지가 필요했지!

지친 몸을 누이려니
둥지가 필요했지!

아픈 마음 달래려니
둥지가 필요했지!

세월을 견디며 나를 감싼 둥지
삭아 부서지며
먼지처럼 흩날리더니

어느새

둥지가 대지 되어 손짓하네
내 몸 둥지 되어 대지를 품네!

가야금

비 오는 산길
어린 오동나무
잎사귀에 떨어지는
빗방울이 버겁다
휘청이는 가지
파르르 떠는 것이
애잔하다

연보라빛 꽃
피고 지길 서른 해
잘려 누운 뒤
비바람 견디며 또 다섯 해

세월이 헤집은 상흔
대패로 지워내고
명주실 곱게 꼬아 열두 줄
안족 위에 살포시 얹는다

파르르 떨리는 금빛 선율
사람들 속에서 울고 웃는다
얼쑤!

장구가 장단을 맞추고

가야금 선율 따라 바가지장단*이 흐른다

그래, 난 또

오동나무 심으러 가야지!

*바가지장단 : 아낙네들이 물동이에 바가지를 엎어 놓고
아라리 가락에 맞추어 두드리는 장단.

탯줄 위의 춤

천장에 탯줄처럼 길게 늘어진 줄
흐르는 생명의 흔적
숨소리마저 고요한 이곳에서
플라잉 요가를 배우려 해먹에 오른다

플라잉 요가는 생전 처음
손끝이 떨리고
온몸에 땀이 맺히지만
어설픈 몸짓으로 허공을 그려본다

그때,
훨훨 나비처럼 가벼운 몸짓으로
탯줄 위를 오르내리는 딸
두려움 없이 허공을 휘젓고
사뿐히 내려앉는다

내 뱃속에서도
저리 예쁘게 춤을 추었겠지
오래전 엄마 뱃속에서
나도 저리 예쁘게 춤을 추었을까?

무심히 내다본 창밖에 하얀 나비가 날고 있다
그 날갯짓 속에 할머니가 있고, 엄마가 있다
나도 있고, 딸도 있다

우리는 그렇게 나비의 날갯짓을 따라
탯줄을 타고 흐르며 함께 춤을 춘다

산줄기 강줄기-춘천

강과 산이
조화를 이루고

하늘과 바람이
자연을 살리니

엄동설한 간 데 없고
삼복더위 온 데 없네

사계절 늘 살아 숨 쉬는

산줄기
강줄기

그래서
언제나 함께이고픈

2 사랑

소년이 제게로 왔습니다

한 소년이 제게로 왔습니다
천진함 속에 배인 짓궂은 미소
머금고 제게로 왔습니다

깔깔 깔깔, 껑충껑충
신주머니 휘돌리며 신나게 학교 가는 길
그 소년의 맑은 눈빛이
섬광처럼 제게로 왔습니다

비바람과 추위에
소년은 세월을 입었습니다
지난밤 몰래 내린 눈
머리 위에 소복이 얹고

얼굴에 나이테가 새겨지고
고사하지 말라고
간간이 수액을 꽂기도 하지만

그 소년은
여전히
천진함 속에 배인
짓궂은 미소 머금고
지금도 제게로 오고 있습니다

빛

어둠 속에서
내가 길을 잃지 않는 것은
보이지 않아도 느낄 수 있고
만져지지 않아도 곁에 머무는
아득한 빛이 있기 때문입니다

비바람이 몰아쳐도 꺼지지 않고
깊은 밤에도 사그라지지 않는 빛

흔들리는 날에는
부드럽게 감싸 안아주고
돌부리에 걸려 넘어져도 다시 일어서도록
고요히 길을 밝혀 줍니다

때로 아침 햇살로
때로 조용한 달빛으로

내 발길이 닿는 곳마다 그 빛이 머물러 있어서
오늘도 나는
다시 걸어갈 용기를 얻습니다

군밤

나는 눈이 좋다
초겨울 흩날리는 눈발에
괜스레 가슴이 설렌다

눈이 내리면
내 마음도 함께 흩날려
잠시, 옛 생각에 잠긴다

그 시절
하얗게 눈 쌓인 길을 걸으며
혹여 미끄러질까, 서로의 손을 꼭 잡고
차가운 손을 주머니에 넣으면
그 안엔
갓 구운 군밤이 있었다

손끝으로 스미던 군밤의 따스한 온기
그리고 함께여서 더 포근했던 시간들

오늘도 눈이 내린다
거센 바람과 함께 내린 폭설
세상이 잠시 멈춘 듯하지만
그 시절 군밤은 여전히 내 곁에 와
따스한 온기로 나를 감싼다

님을 기다리며

바람이
가을을 몰고 갔습니다
머물고 싶어 버티던 낙엽도
쓸쓸히 바람에 실려 갔습니다

곧 오신다 약속하신 님
언제 오시려나
손꼽아 기다리며
텅 빈 하늘만 바라봅니다

멀리서
님 그림자 하늘가에 비칩니다
애타는 마음
스치듯 바람결에 내보였더니

가을이 비워낸 자리에
소리 없이
함박눈만 쌓이고 있습니다

영원히 함께라서

감사합니다
같은 하늘 아래
당신을 바라볼 수 있어

감사합니다
같은 길 위를
당신과 나란히 걸을 수 있어

감사합니다
기쁨도, 슬픔도
당신과 함께 나눌 수 있어

감사합니다
어둠이 내려앉는 밤에도
당신과 있을 수 있어

서로의 손 마주 잡고
시간을 건너가다 보면
우리에게 속삭이는
영원의 음성 들리기에

이 땅에서도
저 하늘에서도
당신과 나는 이미 하나이기에

그저
감사할 뿐입니다

기도

주님!
세상의 바람이
너무 거세게 불어옵니다
휘몰아치는 칼바람에
옷깃조차 여밀 수 없습니다

한 걸음 내디딜 때마다
넘어질 듯 휘청이고
두려움은 거친 파도처럼
저를 덮쳐옵니다

바라옵기는
이천 년 전
바람과 파도를 잠재우셨던 그 음성으로
한 말씀만 하여주시옵소서

"바람아, 잠잠하라"

그 한마디에
흔들리는 마음도, 거친 세상도
모두 고요해지리니

사랑으로 잇는 인연

자장가를 들으며
내 품에서 잠들던 아이
이제 사랑을 찾아 새 길을 가려 하네

남친이 있다고
결혼해야겠다며
양가 부모 인사할 날을 정하더니
시간이 흘러 오늘이 바로 그날

처음 만난 자리에서
서툰 말이 오가던 순간도
이내, 따스한 웃음 속에 녹아내리고
서로를 향한 고마움이 피어나네

부디, 건강하고
부디, 행복하고
부디, 서로를 지켜주기를

사랑으로 잇는 인연 오래오래 따스하기를

함께 하고 싶어서
-결혼조건

사랑의 결실이 결혼?

그저 같이 있고 싶어
만났다 헤어지기 싫어
계속 같이 있고 싶어
결혼했다

우린 그렇게
배가 고파도 좋았고
집이 없어도 좋았고
세상에 부는 바람에 몸서리치게 추워도
좋았다
마주할 수 있음이 미냥 좋았다

세월이 흘러
사랑의 결실인 우리의 아이들

결혼은 현실
사랑 더하기,
건강+직업+경제력+외모+성격…
속물이라 해야 하나

현명한 현실주의자라 해야 하나

그저 사랑 하나면 다 되었던 그 시절이
역사 필름처럼 점점 희미해지는
요즘 세대의 사랑이
허하다

딸에게

사랑하는 딸아
고사리 같던 작은 손이
어느새 커졌구나
걸음마를 떼며
엄마와 걷던 그 길이
이제는 네 앞에 펼쳐져
새로운 길을 만드는구나

꽃처럼 곱게 자라주어 고맙다
햇살처럼 환히 웃어주어 고맙다

가는 길마다 사랑이 피고
따뜻한 봄바람이 불기를 바란다
시부모님께 꽃처럼 향기롭고
남편에게 별처럼 빛나며
네 가정에 늘 따뜻한 불빛이
창가에서 반짝이길 바란다

기쁠 때는 마음껏 웃고
힘들 땐 기도하렴
네가 어디에 있든
엄마의 기도는 언제나
너와 함께 할 거란다

사랑한다, 내 딸아!

주님의 십자가

주님의 십자가
날 위해 지신 십자가
못 박힌 손과 발
가시 면류관 쓰시고
골고다 언덕길 오르셨네

로마 병정 채찍 소리
하늘을 찢고
흘리신 보혈 온 대지를 적셔
꽃향기 간 데 없고
피비린내 진동하네

먹빛 같은 내 죄
주님 맞으신 채찍 소리에
쫓기듯 도망가고
주님 흘리신 보혈
내 죄 씻어
눈처럼 희게 하셨네

주님의 십자가
감사함으로 바라보니
속량 못 할 큰 죄
그런 건 없다고
속삭여 주시는 주님 음성
내 귀에 들려오네

3

길 위에서

새벽, 국밥 한 그릇

매주 월요일 새벽이면
남편과 함께 콩나물국밥을 먹는다
일주일에 한 번
가족과 세상의 평화를 위해 기도하고
돌아오는 길에 행해지는 습관 같은 의식
남편과 나란히 앉아
먹는 콩나물국밥은
내겐 사랑이고 기쁨이다

어느 날 문득
국밥집에 앉아 사람들을 바라본다
어디로 와서 어디로 가는지
밤을 지새운 이들이 피곤한 눈을 비빈다
무심한 듯 바쁜 수저질은
무엇을 위함인지
영혼이 빠져나간 듯 푸석한 육신에
꾸역꾸역 국밥을 밀어 넣는 모습이 안타까워
이름 모를 이들을 위해 기도하기 시작했다

그들의 하루가 평안하기를
그들의 하루가 행복하기를

낙화

흔들리는 바람에
꽃이 진다
한때는 찬란했던
눈부신 붉은 빛
이제
고요히 사라지는구나

지듯이 피었고
피듯이 졌으니
애달픈 순환에
슬픔도 느낄 수 없다
머무름이
허망한 것이 아니라
흔적 없는 흐름이 될 뿐

떨어진 꽃잎 흙이 되고
시간도 흩어지는데
흙 속에 스며든 기억 하나
또 다른
꽃으로 활짝 피어나겠지

소나무의 눈물

2024년 11월 27일 수요일
첫눈이 내렸다
100년 만의 폭설이다
하늘은 살 오른 눈송이들을 쏟아내고
세상은 단숨에 순백의 꿈속이 되었다
아이들은 웃으며 눈을 굴리고
연인들은 눈을 날리며 사랑을 고백한다
사람들은 은백의 세상을 사진에 담느라 분주했다

눈은 그칠 줄 모르고
반짝이며 황홀하게 계속 내려왔고
세상은 곧 사건과 사고로 시끄러웠다

우리 집 옆 공원
소나무들이 부러지고, 뽑히고, 쓰러졌다
과하게 내린 첫눈으로 소나무 숲은 전쟁을 치른 듯
침묵속의 아우성으로 가득했다
나는 들었다
"살고 싶다…"
절규하는 듯한 소나무의 신음소리를

나는 잠시 그 자리에 멈춰 섰다
하지만,
소나무의 눈물을 뒤로 한 채
나는 다시 현실이라는 길 위를 걷는다
가슴이 아파도 어찌할 수 없는 이 세상
이 아픔도 품고 가야 하니까

거울 속의 나

가만히 앉아
거울을 들여다본다
나인 듯, 나 아닌 누군가
묵묵히 나를 바라본다

긴가민가, 다시 들여다보며
누군가 물으니
"누구긴, 바로 너야"

세월은 향기 없는 바람 되어
언제나처럼 스쳐 지나가고
나는 그 끝에 남아
조용히 나를 돌아본다

부정하고픈 세월을
거스르고픈 시간을
붙잡을 수는 없는 법
어느새
나를 여기까지 데려다 놓았구나

이제,
거울 너머의 나여~
쉼 없이 달려온 그대여~
세월의 끝자락에서 노을을 바라보며
잠시 쉬어도 좋다

여백

하얀 종이에 시선을 맞추고
뚫어지게 바라본다
내 얘기, 남 얘기
되는대로 끄적이다가
맞는 것도 틀린 것도, 흘려들은 것도
진리인 듯, 내 주관대로
꾹꾹
연필을 쥔 손에 힘이 들어간다

너는 네가 옳고, 나는 내가 옳고
빼곡히 여백을 채운 글자들
진실과 거짓이 뒤엉켜 엉망진창
모두가 진실 인양 뻔뻔하기 그지없다

너도 싫고, 나도 싫다
지우개로 빡빡
종이가 찢겨 나가도록 지우고 또 지운다

너덜너덜 쓰레기처럼 헤진 종이
내 얘기도 없고, 네 얘기도 없는
버려져야 할 것 같은 여백
그제야, 진실이 보인다

깎이고 깎여

둥글둥글
조약돌
모난 곳 하나 없구나!

처음엔,

삼각이었을까?
사각이었을까?
팔각이었을까?

모서리, 모서리
깨지고 깎이는 아픔
묵묵히 견뎌온
인고의 세월

비바람 한 서리에
부딪치고 깨지며 흘러온 시간

둥글둥글
둥글다고?
원래 그렇게 둥글었다고?

혀

"입속의 혀처럼 굴어라!" 하는 말처럼
내 생각과 건강을 책임지던 혀
그런데
혀끝이 갈라지고 아프다
말하는 것, 먹는 것이 불편하다

쉴 수 없이 움직이고
맵고 짠 것들을 온몸으로 받아 낸
혀가 고단했던 모양이다
쉬고 싶다고
침묵시위를 시작하고
말하는 것, 먹는 것을 거부한다

많이 먹어서 탈이 나고
쓸데없는 말을 해서 영혼에 상처를 주고

지친 혀를
입속에 가만히 눕혀놓고 쉬게 한다
내 영혼과 육체도 잠시 쉼을 갖는다
절제와 침묵 속에서 느끼는 행복

이리 평안할 수가!

바다의 숨결

드넓게 펼쳐진 쪽빛 물결
비단이 넘실거리듯 춤추고
은가루가 톡톡 튀어 오르며
파르라니 반짝인다

하늘과 맞닿아
어디가 하늘이고 어디가 바다인지
흐릿한 경계 속,
나도 물결에 스며든다

뽀얀 포말이 일어
도르르 말리는 순간,
바다가 하늘이 된 건지
하늘이 바다가 된 건지

출렁이는 숨결 속에서
나는 부서지고 다시 태어난다
바다가 나를 감싸고
나는 바다가 된다

잃어버린 우산

장대비가 화살처럼
땅에 꽂히는 날
우산을 들고 길을 나선다

빗줄기에 눈앞이 가려져 아무것도 보이지 않는다
지나는 이의 모습도 분간이 어려운 폭포수 같은 빗줄기
조그만 그늘막 같은 우산 속에 몸을 피하고
비에 젖을까 잔뜩 움츠린다

잠시 갠 하늘
장을 보려 마트에 들렸다
먹거리를 챙기고 마트 문을 나서려는데
아 뿔 사!
손에 쥐었던 우산이 간 곳 없다
하늘에서 쏟아지는 수많은 화살이
땅에 꽂히고 있다

온몸에 비를 받아내며
물속을 헤엄치듯 걸음을 옮긴다
잃어버린 우산이 폭우 속에서
누군가의 작은 피난처가 되길
뜨거운 여름날 한 조각 그늘막이 되길 바라며
행복한 마음으로 비에 젖는다

흔들리는 길 위에서

낡은 자전거 한 대
금방이라도 주저앉을 듯 힘겹게 달린다
나이를 가늠하기 어려운 노인
턱까지 차오르는 숨을 참으며
묵묵히 페달을 밟는다

바람 빠진 타이어는
작은 돌부리에도 신음하고
빛바랜 잠바는 노인의 고단한 삶을 대변한다

자전거가 바람을 가르면
낡은 잠바는 살랑이고
돌부리에 자전거가 덜컹하면
생수통이 흔들흔들 화답한다

덜컹 흔들흔들
덜컹 흔들흔들

저녁노을 붉게 물들면
노인은 길가에 멈춰 서서
고단했던 하루를 생수통과 함께
조용히 내려놓는다

낙타처럼

낙타야, 너는 좋겠다.
등에 진 혹 덩이
사막 끝 영양분 되어
언제나 다시 일어설 수 있으니

거센 바람 불어도
속눈썹이 눈을 감싸고
콧구멍 닫아
모래바람 피해갈 수 있으니

낙타야, 나는 왜
이 모래바람을 온몸으로 맞아야 할까?
눈에도, 귀에도, 입에도
온통 상처뿐이구나!

나도 너처럼
눈 감고 싶다
귀 닫고 싶다
세상의 가시들을
다 씹어 삼켜버리고 싶구나

낙타야 너는 좋겠다
나는 아직도
이 길 위에서 넘어지고만 있는데

빛바랜 사진

두 눈동자 마주하고
너는 나에게 나는 너에게
함께 했음에
서로 감사하며
어떤 의미도 부여하지 않는다

바람 불듯, 물 흐르듯
속절없이 시간이 흘러
변해버린 모습에
서로 못 알아볼지라도
어렴풋한 기억의 줄기
한 올 두 올 끄집어내어
그때
함께였음에
새삼
감사하며

서로 마주할 수 없는
순간이 올지라도
너는 너의 자리에서 묵묵히
난,

돌아올 수 없는 길에
우리의 추억으로
징검다리 놓고
한 발 두 발 내어 디디며
꿈 찾아 길 떠난다

차례를 기다리는 물고기들

왁자한 식당
회덮밥과 물회 냄새가 코끝에 스민다
알밥을 비비는 손길 너머
수족관 속 물고기들
눈을 껌벅이며 물속을 헤엄친다

다음엔 누구 차례인지
누가 도마 위에 오를 운명인지 모른 채
지느러미는 신이 난 듯 춤추고
입가엔 엷은 미소가 번진다

"요놈 싱싱하니 맛있겠어!"

선택되는 순간
바다에 두고 온 가족, 행복했던 순간들
추억할 마음의 시간조차 허락되지 않은 채
도마에서 생을 마감한다

세상의 수족관
투명한 벽 안을 유영하는 존재들

"요놈으로 합시다"

선택되는 그 날
누구도 피할 수 없는 부름이
너에게도, 나에게도 다가오리니

샤워
-빈손

저녁노을이 하늘을 발갛게 물들였다
온종일 먹이를 찾아 헤매는 하이에나처럼
이곳저곳 누비며 전쟁 같은 하루를 보냈다
발바닥에선 먼지가 연기처럼 피어오르고
머릿속엔 켜놓지도 않은 컴퓨터가 혼자 작동한다
그러다,
과부하가 걸려 뿌지직 번쩍거리며 정신없게 한다
가슴엔 원치 않는 훈장들이 주르륵 달렸다
매일 같은 시간 같은 곳에서
손에 잡히지도 않는 뭔가를 찾기 위한
다람쥐 쳇바퀴 활은 반복되고 있다

지친 몸 이끌고 돌아온 안식처에서
하루의 고단함을 훌훌 털어버리고
따뜻한 물로 샤워를 한다
머릿속 컴퓨터도 전원이 나갔다
온종일 쌓인 먼지도
훈장들도 물줄기 따라 모두 흘려보낸다
아무것도 갖고 싶지 않은
무소유의 욕구가 용솟음친다
남김없이 흘려서 보내고

또 남김없이 흘려서 보내고
내게 남은 건 빈손뿐

빈손일 때가 가장 행복하다

신도림의 꿈

나의 꿈이 경보 선수였던 적 없다
햇살이 나를 키울 때
나의 꿈은
바람길 따라 날리는 꽃향기처럼
자연스레, 느낌대로 사는 거였는데

신도림역 계단을 오르내릴 때
헉헉거리는 내게
뒤에서 밀치는 이 없다
'빨리 가라' 말하는 이도 없다
그냥 혼자 종종종종

일고픈 것, 하고픈 것들이
세월 따라 늘어나며
나를 더 빨리 걷게 한다

신도림역사를 휘감아 도는 인파의 급류 속에서
오늘도 나는
꿈 찾아
종종종종 ,종종종종, 종종종종…

새로운 길

낡은 운동화 한 켤레
현관에 누워 옛 생각에 잠긴다
이른 새벽 불쑥 발이 들어와
운동화 끈을 조여 매니
어디로 갈지 묻지도 않은 채 바삐 달린다
천천히 가라고 발을 바닥에 끌면
냅다 돌멩이를 걷어 차
이마가 띵 하니 아려 온다
너와 함께 한 수많은 시간들
네가 아파 눈물을 흘릴 땐
네가 피눈물 흘릴 땐
내겐 더 진한 것들이
동이 터도 일어나지 않는
너를 기다리며
나는 오늘도 너와 함께
새로운 길을
갈 채비를 하고 있다

기울어진 어깨

초겨울 아침

저만치 앞에서
기우뚱 힘겹게 걸음을 옮기시는
노인의 모습에서
스치듯 고단한 삶이 보인다

낡고 헐렁한 자켓은
모든 걸 주고 가는 가시고기처럼
텅 빈 육체가
마지막 남은 영혼으로
힘겹게 버티는 듯하다

걸어가시는 뒷모습
유난히 기울어진 어깨가
내 눈가를 촉촉이 적신다

남은 생 건강 하시기를
이 땅의 누군가에게 베푸신
사랑과 헌신이
감사함으로 내 가슴에 스민다

밤의 굶주림
-불면증

온 세상이
숨을 고르는 깜깜한 밤인데
나는 깨어 있다.
눈꺼풀 위로 어둠이 내려앉아도
정신은 더 맑아지고,
어둠에서 춤추는 많은 생각들
굽이쳐 흐르는 물처럼 나를 휘감아 돈다

삶 속에 얽힌 기억의 잔상들이
떠돌다 굽이진 강을 이루고,
흘러가야 할 것들은 멈춰 서서
나를 되돌아보라 한다

창밖, 도로 위를 달리는 차들은
쉿소리를 울리며
굶주린 맹수처럼 포효하는데
어둠을 찢으며 내달리는 상념들

나는 이 밤 굶주린 맹수의 먹잇감
생각의 이빨에 물려
잠이 아닌 깊은 사유 속으로
천천히 삼켜져 간다

태엽 인형의 행진

어깨 위로 묵직한 새벽이 내려앉고
사람들은 종종걸음으로 바삐 움직인다
짐을 내려놓으러 가는 건지
짐을 더 지려고 가는 건지
어제의 피곤이 풀리지 않아
늘어진 몸과
반쯤 감긴 눈꺼풀이 안쓰럽다

태엽 감긴 인형처럼
어제도 출근했으니
오늘도 출근해야만 하는
멈출 수 없는 걸음
삶의 무게를 싦어지고
이 세상에서 매일 출근하다가
저세상으로 출근하는 날
그때는 비로소 알게 될까?
우리가 무엇을 짊어지고 있었는지

돌아가는 길

영원한 삶이 아님을

가려고 온 세상
어차피 갈 걸 아는 세상

올 때 순서 있어도
갈 때 순서 없는

그래서 더 애달픈

돌아가는 이
뒤도 안 돌아보고
남겨진 이
제 가슴에 패인
슬픔의 웅덩이에서 허우적대는

돌아감은
가고 오는 이들의
기쁨과 슬픔이 엇갈리는
교차점

하얀 고통

하얗고 단단해 보이는 너
무엇이든 앙다물면
자르고, 부수고, 갈아버리는
눈부신 하얀 빛,
영원할 것 같던 너

세월의 풍화
너를 비껴가지 못하누나!

보이는 건 여전히 하얗고 단단한데
그 속엔 상처로 얼룩진 피고름,
가슴을 찌르는 통증으로
긴 밤을 지새우네

그 누가 알리
아직도 하얗고 눈부신데
이렇게 빛나는데

보이는 게 다가 아님을,
영원한 것은 없음을

4
해마다 4월이면

아버지의 뒷모습

아침 일찍 가방을 챙기신다
큰아들과 장손
삼대가 여행을 가신단다
무뚝뚝한 남자 셋,
재미있을까 걱정이다

엄마 가신 뒤,
행여 쓸쓸하실까 노심초사하지만
깊고 넓은 아버지의 마음에
내 마음 쎠봐야 한 조각인 것을…

삶의 무게 같은 배낭을 메고
쓸쓸히 걸어가시는 아버지의 뒷모습에
두 손 꼭 잡고 함께 걸으셨던
어머니의 모습이 환영처럼 나타났다 사라진다

"엄마! 아빠 쓸쓸하지 않으시게
꿈길에서라도 자주 함께 걸어 주세요"

뿌옇게 이슬 안개 내려앉은 길가에서
80여 평생 뚜벅뚜벅 한결같은 걸음을 옮기시는
아버지의 뒷모습을 바라보고 있다

그 손을 꼭 잡고

아침이면 지글지글
음식 익어가는 소리가 들린다
아버지께서 좋아하는 그 맛을 내려고
당신은 천천히 불을 조절하고
갖은 양념에 정성을 다해 뚝딱 요리를 만들어 낸다
숟가락 들어 한 입
"맛있다" 하시는 그 짧은 말에
당신은 조용히 미소 짓고
나는 그 미소를 가슴에 새긴다

엊그제, 어머니 산소에 가던 날
휘청이며 힘겹게 걷는 아버지께
당신은 말없이 손을 내밀었다
손을 꼭 잡고 천천히
한 걸음씩, 한 걸음씩 내딛는 발걸음
당신을 의지해 걸음을 옮기시며
산에 오르시는 아버지
맞잡은 손끝에 깃든 따뜻하고 깊은 사랑을
뒤에서 묵묵히 바라보았다

아버지의 손을 꼭 잡은 사람이 내 남편이라니
아버지의 손을 꼭 잡은 사람이 아버지의 사위라니

기타, 다시 노래하다

두 대의 기타가 벽에 기대어
지루한 시간을 보내고 있다
작은딸이 배우다 만 클래식 기타와
남편이 한때 애정을 쏟았던 포크 기타

지루한 쉼의 끝은 절망이라는 듯
침묵에 갇혀 긴 시간을 보내고 있다
너무 일찍 일선에서 물러나
노래할 수 없음에 절망하는 기타

끝난 것이 아님을
다시 노래할 수 있음을
말이 아닌 행동으로 보여주려
기타를 둘러메고 길을 나선다

길가의 꽃들은 여전히 노래하고
하늘의 바람이 볼륨을 올리니
둘러멘 기타 살며시 기지개를 켠다
아직 노래는 시작되지 않았지만
이제 다시, 노래할 수 있다는 희망이 싹트는지
등 뒤의 기타가 흥얼거리며 살짝살짝 춤을 춘다

어머니의 부엌

어느 여름날, 후덥지근한 부엌
가족의 식사를 위해
늘 분주하셨던 뒷모습을 기억합니다

가만히 뒤에서 껴안으면
땀과 함께 푸근했던 어머니의
냄새가 그립습니다

문밖을 나설 때면
차 조심하라며 등을 두드려 주시던
그 사랑을 마음에 간직합니다

어머니의 모든 것이 내 삶에 녹아있기에
문득 어머니가 보고 싶은 날
나는 거울을 보며
내 안에 계신 어머니를 바라봅니다

환한 내 미소에서
가족을 걱정하는 내 눈빛에서
어머니는 언제나
나를 보고 계시네요

순돌이

우리 집에는
반짝이는 눈동자에
크림색 털을 가진 예쁜 아이가
함께 살고 있습니다

빛나는 크림색 털에
연한 라떼색으로 점이 있지요
아빠가 출장을 가면
현관 쪽으로 머리를 향하고
잠을 설치며 아빠를 기다리는
순수한 마음을 가진 아이

외출했다 돌아오면
반갑다고 꼬리를 흔들며
마치, 죽었던 사람 살아온 듯
낑낑 애달픈 소리로 반겨주는
사랑스러운 아이

가정예배를 드릴 때면
보채지도 않고
얌전히 두 손을 모으고 엎드린 모습은

마치 기도하는 듯
하나님을 향한 마음을 조용히 담아
가족과 함께 기도 하는 순돌이는
우리 가정에 사랑을 꽃피우는
작고 소중한 존재랍니다

아버지의 색소폰

매주 화요일과 금요일
아버지는 색소폰을 챙기신다
행복을 전하기 위해

칠십 세 되시던 해
색소폰을 선물해 드렸더니
십수 년간 색소폰을
손에서 놓지 않으셨던 아버지

소리를 못 내서 삑삑
소리 내려고 삑삑
시끄럽다는 엄마의 잔소리에
그래도 할 거라고 삑삑

아버지의 색소폰
옹알이 시작하더니
어느새 음어^{音語}로
말을 걸어온다

엄마 가신 뒤

한동안 멈추었던

아버지의 색소폰

바람결 따라 날아온 꽃향기가

엄마 소식 전해 주었는지

금빛 미소 머금고 다시 노래한다

엄마가 되고 보니

이른 새벽,
달그락 소리에 잠이 깨어
"엄마, 뭐 하세요?" 하고 묻자
"아직 일어날 시간이 아니네요" 하시며
다정한 목소리로 얼른 더 자라고 하신다

뜨거운 여름날,
양손 가득 무거운 장바구니를 들고
땀을 뻘뻘 흘리시면서도
당신 손에 든 작은 부채는
늘 나를 향해 있었다

겨울밤,
살을 에는 바람 속
버스 정류장에 마중 나와
목도리를 내게 둘러주며
"엄마는 안 추워"

졸음도, 더위도 견디시고
손끝이 얼어가는 추위도 참으며
내게 따뜻함을 내어주던 그 희생

자식을 사랑하는 마음으로
모든 걸 견디신 한없는 마음을
엄마가 되고 비로소
이제야 알았습니다

아버지의 구두를 닦으며

봄비로 질퍽해진 흙길
외출했다 돌아오신 아버지의 구두를 닦습니다
뒷굽이 닳아 수평이 무너진 구두
여든여섯 해를 걸어오신 걸음에
얼마나 많은 시간이 얹혀 있는지
말해주는 듯합니다

계단을 오르내리실 때
난간을 부여잡고 무릎을 먼저 살피시는 아버지
이젠 그 모습이 매일의 일상이 되었습니다
목요일에 서예 교실 가시고
토요일엔 다시 붓을 드시고
붓끝에 당신의 혼을 담아 세상과 나누려는 의지가
힘겨운 걸음을 옮기게 하는 듯합니다

아버지께 부드럽고 가벼운
검은 가죽 구두 한 켤레 사드렸습니다
구두의 두 앞코가 향하는 곳이 병원이든 서예 교실이든
늘 봄바람에 흩날리는 벚꽃처럼
향기롭게 빛나는 꽃잎 같은 걸음이 되길 바라며

여든여섯,

걸으신 걸음마다 세찬 바람 부는

흙먼지 자갈길을 걸어오신 아버지

걷는다는 건 단순히 앞으로 나아가는 것이 아니라

사랑하며 살아낸다는 뜻이라는 걸

이제야 알았습니다

"아빠가 딸 사랑해"

카톡, 카톡, 카톡
"아빠가 딸 사랑해"
색색 하트 이모티콘과 문자
84세 아버지가
함께 황혼을 향해가는 딸에게
사랑한다고 하신다

오늘 비가 온다기에
운동하시다 비 맞고 고뿔이라도 걸릴까,
자전거 타고 나가시지 마시라
그리 전화했는데

통화가 안 돼 몹쓸 상상하며 걱정하고 있는데

"아빠가 딸 사랑해!"

날씨 때문인가?
아버지 연세 때문인가?
아빠가 딸을 사랑한다는데 가슴이 미어진다

"나도 아빠 사랑해요"

기상청 예보대로 온다던 비 내리고
빗줄기 굵어질수록
내 가슴 속 눈물 줄기 굵어지고

가슴 속에 내리는 비

세월의 강 따라
아버지 이마에 깊은 주름이 흐르고
흐려진 눈동자 먼 산을 향한다
살랑이는 바람에도
깊은 기침을 토해내고
비틀비틀 흔들리며
힘겹게 내어 딛는 발걸음
아버지의 거친 숨결에서
낡은 시간의 무게가 느껴진다

그 모습을 바라보노라니
내 안에서 뜨거운 것이 솟구쳐
울컥, 소리 없는 빗방울이 된다

어느 날 문득,
비 갠 하늘 아래
당신의 자리 텅 비어 있을까 두려워
두 손을 모으고 간절히 기도한다
창밖에 비 내리듯
내 가슴에 비가 내린다
이 비 그치면 두 손을 꼭 잡고
다하지 못한 사랑을 말하리라
비는 멈출 줄 모르고,
나는 가슴 속 비를 맞으며
조용히 당신을 바라볼 뿐…

큰어머니의 구순(九旬)

상월면 마을회관 앞마당에 하얀 천막이 설치된다
잘 키운 딸 하나 열 아들 안 부럽다더니
환갑부터 구순까지 큰 사위가 차려낸다
아랫마을 윗마을 동네잔치 벌어지고
허리 구부러진 어르신들
힘겨운 걸음 옮기신다
흥이 차오른 아낙들
아이 손잡고 삼삼오오 몰려오고,
푸짐하게 차려진 뷔페
지팡이를 놓은 손과 돋보기를 벗은 눈이
바삐 움직인다

논농사 밭농사 지으며
종손 며느리로 견뎌온 세월
육남매 낳아 기르시느라 쪼그라든 육신
꽃처럼 어여쁜 젊은 날 바람결에 날리시고
흙내음 맡으며 긴 세월
고향을 지키시는 큰어머니.
주름진 얼굴에 희로애락(喜怒哀樂)
누가 볼까 수줍은 미소로 숨기시고
새색시처럼 볼그레한 얼굴로 케이크 촛불 끄신다

"오래오래 사세요!, 건강하게요!
시집 한 번 더 가셔야지요!"

백 세 때도 잔치를 벌여 주겠다는
큰 사위 손을 잡으며
"정말이지? 자네만 믿고 나 백세 채우네!"
환하게 웃으시는 큰어머니의 눈 속에
강이 흐르고 있고
별들은 다리를 놓고 있다

해마다 4월이면

해마다 4월이면
가는 곳
오라 하지 않고
간다 하지 않아도

해마다 4월이면
가는 곳
기다린다고
기다리라고
말하지 않아도

해마다 4월이면
가는 곳
호젓한 무덤가
홀로 핀 할미꽃
무덤 밖
나와 앉은 내 엄마

해마다 4월이면
가는 곳
겨우내 쌓인 눈

그리움 되어 언 땅 녹이고
평생 해로하지 못한
슬픈 사랑의 연가
산까치들이 지저귀고

해마다 4월이면
가는 곳
잡초가 너무 올랐다며
두 눈 질끈 감고 뽑으시는 아버지
다음엔 호미를 가져와
뿌리째 캐내야겠다는
떨리는 다짐
할미꽃도 산까치도 이슬에 젖는

해마다 4월이면 가는 곳

무덤 위에 돋은 쑥

쑥은 나 어릴 적
써서 먹을 수 없던 그냥 내겐 풀
쑥버무리, 쑥개떡, 쑥 된장국…
유난히 쑥을 좋아하셨던 어머니
쑥 철이면 쑥을 쟁여 냉동실에 보관하시고
사시사철 쑥을 드셨다

계절의 경계에서
봄인 듯 겨울인 듯
어머니를 그리워하시는 아버지
모시고 어머니 산소에 다니러 갔다
우리가 온다는 걸 알고 계셨던 걸까?
산소 위에 잔디를 비집고
쑥들이 예쁘게 펼쳐져 있다
생전 쑥을 그리 좋아하시더니
쑥떡이라도 해주시려 쑥을 준비하신 듯하다

쑥 때문에 잔디를 다시 입혀야겠다는 아버지께
아빠, 엄마는 쑥이 좋으신가 봐요
여기서도 그리 챙겨 드시더니
저기 가서서도 쑥을 이리 챙기고 계시네요

아빠, 엄마가 저리 좋아하시니 그냥 두시면 좋겠어요

주변 다른 무덤에는 쑥이 없다
어머니 산소에만 예쁘게 펼쳐진 쑥이 신기했다
어머니를 잊지 못하는 아버지는 이승에서
아버지를 잊지 못하는 어머니는 저승에서
쑥으로 마음을 전하고 계시는 듯했다

임종
-이승과 저승 사이

충남 논산 상월면
종손 며느리로 육 남매 낳아 기르시며
일평생 살아오신 큰어머니

구순 잔칫날
시집 한 번 더 가시게
백 살까지 사시라던 큰 사위의 싱거운 농에
"자네 말만 믿고 나 백세 채우네" 약속하셨는데
말기 암이라는 병마도 모르신 채 병상에 누워
봄 햇살 같은 미소 지으시며 먼 길 어찌 왔느냐 반기신다

이제 겨우 아흔셋 봄
백세 채우시겠다던 그 약속 우리 마음에 생생한데
이승과 저승 사이 길목에서 서성이는 모습
아픈 내 마음 어디에 두어야 할지
나는 울고 싶은데
큰어머니는
"걱정 마라, 사는 게 그런 거란다" 하신다
쏟아지는 눈물을 삼키며
큰어머니의 손을 잡고 기도한다

눈을 감으신 채 잠시 쉼을 준비하시지만
마지막까지 따뜻한 봄이기를
웃음 속에 머물다 편히 가시기를

기억의 저편

환한 미소와 다정한 포옹으로 나를 반겨주시던
나의 어리광과 투정도 다 받아 주시던
그래서 뵐 때마다 기분이 좋아지던
그런 분이 제게 있었습니다
어느 날부터인가
표정과 행동이 조금씩 이상해지셨습니다
어?
그땐 몰랐습니다, 왜 그러시는지
무엇 때문인지 몰랐습니다
힘겨웠던 세상살이를
기억의 저편에 묻어두고 계심을

나중에서야 알았습니다

이제는 제가 그분의 어리광을
그분의 투정을 기쁘게 받고 있습니다
기억의 저편에 너무 깊숙이 넣어
나를 알아보지 못할 때는 마음이 서운하지만
바로 알아보실 때는 더없이 기쁩니다
기억을 계속 저편에 묻고 계심이
마음이 아픕니다
나도 묻고 당신의 삶도 묻고
기억의 저편에 모든 걸 다 묻으시려나 봅니다

유족대표 인사

사랑하는 아버지를 주님의 품에 평안히 보내드리는 오늘,
이 자리를 함께해 주신 모든 분들께
유족을 대표하여 진심 어린 감사를 드립니다

저희 아버지께서는
어머니를 먼저 하늘나라에 보내신 이후
그 외로움과 그리움을 믿음 안에서 이겨내시며
오랜 시간 주님의 은혜 가운데 살아오셨습니다

그 여정 속에서
안양감리교회 담임목사님과 장로님들
그리고 사랑 많은 성도님들의
따뜻한 위로와 기도, 사랑이
아버지의 삶에 큰 힘이 되었습니다

주일이면 단정히 양복을 입으시고
예배의 자리를 기쁨으로 준비하시던 아버지
누군가의 작은 안부에도 함박웃음을 지으시며
하나님 나라를 소망하던 그 믿음의 걸음을
저희는 잊지 못할 것입니다

오늘 천국 환송 예배에서 전해 주신
목사님의 귀한 말씀은
저희에게도 큰 위로와 소망이 되었습니다
아버지의 마지막 길을
이토록 따뜻한 믿음의 공동체 안에서
천국의 소망으로 환송해 주심에
감사하고 또 감사합니다

함께 슬퍼해 주시고, 함께 위로해 주신 모든 손길 위에
하나님의 평강과 은혜가 가득하시길 기도드립니다
진심으로 감사드립니다

*2025년 4월 19일. 고 백승복 장로님의 장례 예식 중, 안양감리교회 1층 그레이스홀에서 천국 환송 예배를 드린 후, 유족대표로 인사했던 내용을 그대로 옮겨왔습니다.

평설

생명 에너지, 영성적인 깨달음

허형만
(시인, 목포대 명예교수)

1

백정희 시인은 2023년 『월간시인』 첫 신인상에 「새로운 길」 「샤워」 「아버지의 색소폰」 등 3편이 당선되어 등단했다. 당선 작품 중 「새로운 길」은 서울시인협회(회장 민윤기 시인) 주최 '봄봄시인학교' 백일장에서 장원으로 뽑힌 작품이기도 하다. 당시 신인상 심사를 맡았던 나는 백정희의 응모작에 대해 한 마디로 "삶의 의지와 사유의 깊이가 돋보인다"라고 평했고, 함께 심사한 조명제 문학평론가는 "작자의 시적 감각과 재치가 예사롭지 않다"라고 평했다.

백정희 시인은 당선 소감에서 "여고 시절 습작하며 꿈꾸었던 글쓰기, 삶의 수레바퀴 밑에서 흔적도 없이 사라진 줄 알았는데 혼자 계신 아버지가 너무 마음 아파 「아버지의 뒷모습」이라는 시를 시작으로 조금씩 쓰다 보니 이런 기쁜 날을 맞이"했다고 고백한다. 등단 후 2년 만에 출간하는 첫 시집의 시세계는 그만큼 시인으로서의 절심함과 삶에서 체득된 창의적인 생명력의 회복, 그리고 지금은 소천한 부모님에 대한 절절한 사랑을 감동적으로 표현하고 있다.

2

 '살아 있는 가장 경험 많고 통찰력이 뛰어난 꿈 탐험가'로 불리는 제레미 테일러는 말한다. "인간은 본능적이고 원형적으로 온전한 정서적·영성적 체험을 갈망한다. 그런 체험을 통해 깨어 있는 자아에 만족스러울 뿐 아니라 개인의 소소한 환경과 사적인 삶의 시작과 끝을 넘어 보다 넓은 의미와 중요성의 드라마에 참가하는 진정한 의미를 체화하게 된다"라고. 백정희 시인의 작품들을 읽는 동안 나의 머릿속에는 오래전 읽었던 제레미 테일러의 저서 『살아 있는 미로』를 떠올렸다. 왜냐하면 백정희 시인의 작품 저변에서 일렁이는 목소리와 이미지가 신화와 꿈을 동반한 삶의 탐색 같았기 때문이다.

　　비 오는 산길
　　어린 오동나무
　　잎사귀에 떨어지는
　　빗방울이 버겁다
　　휘청이는 가지
　　파르르 떠는 것이
　　애잔하다

　　연보랏빛 꽃
　　피고 지길 서른 해
　　잘려 누운 뒤
　　비바람 견디며 또 다섯 해

　　세월이 헤집은 상흔
　　대패로 지워내고

명주실 곱게 꼬아 열두 줄
안족 위에 살포시 얹는다

파르르 떨리는 금빛 선율
사람들 속에서 울고 웃는다
얼쑤!
장구가 장단을 맞추고
가야금 선율 따라 바가지장단이 흐른다

그래, 난 또
오동나무 심으러 가야지!
-「가야금」전문

   옛 문헌의 명칭이 '가얏고'인 가야금의 몸체(판)는 소리를 울리는 잘 마른 오동나무로 제작한다. 이 작품은 백정희 시인이 가야금 연주자로서의 가야금에 대한 애정 어린 마음을 잘 표현하고 있다. 5연으로 구성된 이 작품은 1연에서처럼 "비 오는 산길"을 걸으면서 "어린 오동나무/ 잎사귀에 떨어지는/ 빗방울"을 보고 2, 30년 후 가야금이라는 악기로 탄생할 것을 상상한다. 가야금은 일반적으로 20년 이상 된 오동나무가 가장 이상적이지만 특히 30년 이상 된 오동나무는 결이 곱고 밀도가 적당히 낮아 울림이 뛰어난다. 2연과 3연은 30년생 오동나무를 잘라 5년 더 "비바람 견디며" 잘 말린 뒤 35년을 견딘 오동나무로 가야금을 제작하는 과정이다. 먼저 "세월이 헤집은 상흔/ 대패로 지워내고" 울림통(공명동共鳴胴)을 파낸 뒤 상판과 하판을 붙인다. 이어 표면을 매끄럽게 다듬어 일정한 간격으로 "명주실 곱게 꼬아 열두 줄"을 건다. 이어 "안족 위에 살포시 얹"어 조율한다. 여기서 안족^{雁足}은 한 줄마다 하나씩 있는 가야금의 현을 받쳐주는 작은 받침대로 아주 중요한 부품이다. 지금 이 가야금은 12현 전통 가야금이다. 4연에 와서는 가야금이 연주될 때 "사람들 속에서 울고 웃는" "파르르 떨리는 금빛 선율" 그리고 "바가지장단"을 시각과 청각 이미지로 구성하는 치밀함으로 가야금 소리의 매력을 들려준다.

보랏빛 섬에 갔다
온통 보랏빛으로 물든 섬에서
나도 보라가 되었다

둘레길을 걷노라니
보랏빛 고추바람이 온몸에 스민다
보라는 빨간색과 파란색의
힘과 우아함을 합쳐 놓은 색이라더니!

보랏빛 고추바람이
휘날리는 머리카락과 머플러에
내 속의 상념들을 날려 보내고
아픔과 슬픔의 잔상들을 보라로 물들인다

세찬 바람에서
우아함과 화려함이 향기롭게 느껴진다
멀리 수평선에 까치놀이 일고 평화롭다
- 「보랏빛 섬」 전문

보랏빛 섬은 전라남도 신안군 안좌면에 위치한 퍼플

섬으로 반월도와 박지도를 중심으로 조성된 테마 섬이다. 특히 이 지역에서 흔히 볼 수 있는 자생 참도라지의 꽃이 보라색 꽃임을 상징적으로 활용, 섬 전체를 보라색으로 꾸미며 "온통 보랏빛으로 물든 섬"에서 시인도 "보라가 되었다". 그야말로 시인과 세계가 하나로 된, 우주가 한 몸이란 범생명평화를 지향하는 정신인 셈이다. 자홍색, 풀빛 황토색과 함께 보라색은 매우 발전되고 세련된 문화의 예술에서 활용되는 색채이다. 보라색은 "빨간색과 파란색의 힘과 우아함을 합쳐 놓은 색"으로 색채상징으로 보면 향수의 기억, 이성과 감성의 균형, 또는 영적 세계와 현실의 경계를 상징한다. 그러기에 독특하고 몽환적인 신비로움, 고대 로마나 비잔틴, 중세 유럽에서 귀족 전용일만큼 고귀함과 권위, 마음을 가라앉히고 심리적 안정으로 치유와 명상의 색채적 효과를 얻을 수 있을 뿐 아니라 예술가, 디자이너, 창작자들에게 상상력과 직관, 영감을 자극하는 색으로 인식되고 있다. 그래서인지 시인은 "보랏빛 고추바람이/ 휘날리는 머리카락과 머플러에/ 내 속의 상념들을 날려 보내고/ 아픔과 슬픔의 잔상들을 보라로" 물들이는 감동에 젖는다.

3

　백정희 시인의 시에는 인간 존재의 의미와 삶에 대한 따사로운 생명성이 녹아있다. 에리히 프롬은 생존하고, 사랑하고, 미워하고, 괴로워하는 인간의 현실에서 출발하게 되면 동시에 생성되고 변화하지 않는 존재란 없다고 말한다. 그렇다면 이 생성되고 변화하는 존재, 세계 속 우리 삶의 독립된 가치는 어떻게 이루어지는가? 다음 작품을 보자.

소면의 긴 면발처럼
우리의 삶도 이어지고
매콤한 고추장처럼
하루가 환하다
단맛, 신맛, 매운맛이 어우러진
국수를 휘휘 비비다 보면
기쁨도 슬픔도 한데 뒤섞여
한 그릇 국수에 인생이 담겼다

값싼 플라스틱 그릇에 담겼어도
고추장, 식초, 설탕이 어우러져
맛난 비빔국수가 되고, 때로
허기진 마음을 채우는 뜨거운 온기가 되니

살아간다는 건,
이렇게, 비빔국수처럼
서로의 맛을 맛있게 맞추어 가는 일이다

-「비빔국수」전문

비빔국수는 소면, 채 썬 오이, 그리고 상추, 깻잎, 양배추 등 채소 적당량과 삶은 달걀 반쪽이나 하나, 고명용으로 김 가루나 통깨가 기본 재료이며, 양념장으로는 고추장, 고춧가루, 설탕 또는 올리고당, 식초, 간장, 다진 마늘, 참기름, 깨소금 등을 사용한다. 그리하여 "단맛, 신맛, 매운맛이 어우러진/ 국수를 휘휘 비비다 보면/ 기쁨도 슬픔도 한데 뒤섞여/ 한 그릇 국수에 인생"이 담긴다. 비록 "값싼 플라스틱 그릇에" 담겼으나 "고추장, 식초, 설탕이 어우러져/ 맛난 비빔 국수가 되고, 때로/ 허기진 마음을 채우는 뜨거운 온기가" 된다. 또한 "소면의 긴 면발처럼/ 우리의 삶도 이어지고/ 매콤한 고추장처럼/ 하루가 환"함을 미각적으로 느낀다. 시인은 이처럼 비빔 국수를 통해 삶이란 어떤 것인가를 사색한다. 즉, 인생이란 "비빔 국수처럼/ 서로의 맛을 맛있게 맞추어 가는 일"이라는 거다.

이러한 삶은 "돌아가는 이/ 뒤도 안 돌아보고/ 남겨진 이/ 제 가슴에 패인/ 슬픔의 웅덩이에서 허우적대는"(「돌아가는 길」) 일이며, "삶 속에 얽힌 기억의 잔상들이/ 떠돌다 굽이진 강을 이루고,/ 흘러가야 할 것들은 멈춰 서서/ 나를 되돌아보라"(「밤의 굶주림 - 불면증」) 하지만, 그게 다는 아니라서 "신도림역사를 휘감아 도는 인파의 급류 속에서/ 오늘도 나는/ 꿈 찾아"(「신도림의 꿈」) 길을 가거나 "서로 마주할 수 없는/ 순간이 올지라도/ 너는 너의 자리에서 묵묵히/ 난,/ 돌아올 수 없는 길에/ 우리의 추억으로/ 징검다리 놓고/ 한 발 두 발 내어 디디며/ 꿈 찾아"(「빛바랜 사진」) 길 떠나는 일이다.

조용하던 놀이터 오후가 되면
꽃망울 터지듯 아이들 웃음소리 들려온다
밤색 목마 미끄럼틀에서
하나, 둘 아이들이 미끄러져 나오고
노란 배 모양 시소
먼저 하늘에 닿겠다고 힘껏 발을 구른다

산책 나온 강아지 먼저 나온 강아지랑 반갑게 인사하고
학교에서 돌아온 아이들 그네 옆에 가방 던져두고
까르르 깔깔거리며 뛰어다닌다.

유치원 종일반에서 엄마와 함께 하원 한 아이들
모래 놀이터에서 신나게 놀고
엄마들 옹기종기 모여 하하 호호, 하하 호호
갖가지 저녁 메뉴로 토론이 벌어진다
놀이터의 꽃망울 터지는 소리
들리고 또 들리고, 또 들리더니
터진 꽃망울 꽃잎 되어 꽃비로 내게 온다
꽃비로 네게 간다
온 세상 꽃향기 가득 채우려 꽃비가 내린다.
왁자하던 놀이터가 오늘따라 평화롭고 경건하다
-「놀이터」전문

   백정희 시인의 삶에 대한 정의와 해석이 다 녹아들어 있는 작품이다. 한 마디로 삶은 살아 숨 쉬는 생명성에서 그 가치가 존재하는 것임을 보여주기에 충분한 것이다. 아파트마다 동네마다 아이들이 모여서 놀 수 있도록 시설을 갖추어 따로 마련한 곳이 놀이터이다. 평시에는 조용하다가도 "오후가 되면" 놀이터는 활기를 찾는다. "밤색 목마 미끄럼들"과 "노란 배 모양 시소"에서 아이들이 즐기고 있다. "산책 나온 강아지"가 "먼저 나온 강아지랑 반갑게 인사"한다. "학교에서 돌아온 아이들"이 "그네 옆에 가방 던져두고" 뛰어다닌다. 유치원생들도 "엄마와 함께" "모래 놀이터에서 신나게" 논다. 특히 이 아이들의 엄마들이 "옹기종기 모여" 즐거운 대화 시간을 가진다. 이 시에는 유치원생을 비롯한 아이들은 물론 강아지와 엄마들과 터진 꽃망울에서 날리는 꽃비까지 모두 한 장소에서 함께 어울린다. 그야말로 놀이터가 곧 한 우주를 형성한다. 생명체가 조화를 이루는 화엄의 경지이다. 주로 청각의 이미지를 통해 백정희 시인이 창조한 삶의 본질을 우리는 느낀다.

　백정희 시인에게 삶의 본질은 한사코 거창하거나 화려하지 않다. 비가 오다가 잠시 날이 갤 때 장을 보려고 마트에 들렀다가 깜박 우산을 챙기지 못하고 귀가하던 중 다시 쏟아지는 비에 젖으며 "잃어버린 우산이 폭우 속에서/ 누군가의 작은 피난처가 되길/ 뜨거운 여름날 한 조각 그늘막이 되길 바라며/ 행복한 마음으로 비에 젖는다"(「잃어버린 우산」)든가, 온종일 이곳저곳 눈비며 전쟁 같은 하루를 보낸 뒤 지친 몸 이끌고 귀가하여 샤워를 하면서 "아무것도 갖고 싶지 않은/ 무소유의 욕구가 용솟음친다/ 남김없이 흘려서 보내고/ 또 남김없이 흘려서 보내고/ 내게 남은 건 빈손뿐// 빈손일 때가 가장 행복하다"(「샤워」)든가, "지친 혀를/ 입속에 가만히 눕혀놓고 쉬게 한다./ 내 영혼과 육체도 잠시 쉼을 갖는다./ 절제와 침묵 속에서 느끼는 행복"(「혀」)에 이르기까지 다양한 삶 속에서 맛보는 소소한 행복감은 아름답다.

4

　한편, 백정희 시인의 시에서 가족 간의 애틋한 심정을 거론하지 않을 수 없다. 인도에서 태어나 21세에 깨달음을 얻었다는 오쇼 라즈니쉬는 가족은 가장 낡은 제도이며, 이제 가족은 자신의 역할을 다했으며 더 이상 필요치 않다고 말한다. 그러나 이 말에 동의하는 사람이 얼마나 될까? 프리드리히 니체는 "가족 없는 인간은 나무 없는 숲과 같다"라고 했으며, 오프라 윈프리는 "가족과의 시간은 그 어떤 성공보다 더 큰 축복"이라고 했잖은가. 그 가족의 소중함과 가족 간의 끈끈한 사랑의 마음을 백정희 시인은 아버지와 어머니와 딸을 통해 전하고 있는데 특히 지금은 소천하신 아버지와 어머니에 대한 살아생전의 사랑, 두 분 다 소천하신 후의 그리움이 절절하다.

    매주 화요일과 금요일
    아버지는 색소폰을 챙기신다
    행복을 전하기 위해

    칠십 세 되시던 해
    색소폰을 선물해 드렸더니
    십수 년간 색소폰을
    손에서 놓지 않으셨던 아버지

    소리를 못 내서 삑삑
    소리 내려고 삑삑
    시끄럽다는 엄마의 잔소리에
    그래도 할 거라고 삑삑

    아버지의 색소폰
    옹알이 시작하더니
    어느새 음어音語로
    말을 걸어온다

    엄마 가신 뒤

    한동안 멈추었던
    아버지의 색소폰
    바람결 따라 날아온 꽃향기가

엄마 소식 전해 주었는지
금빛 미소 머금고 다시 노래한다
─「아버지의 색소폰」 전문

이 시는 백정희 시인의 신인상 당선작 중 한 편이다. 아버지에게 칠순 기념으로 선물해 드린 색소폰을 십여 년간 "손에서 놓지 않으셨던 아버지"가 "엄마 가신 뒤/ 한동안 멈추었"으나 이제 마음이 안정되셨는지 다시 색소폰을 불기 시작하는 모습에서 돌아가신 어머니를 떠올린다. 시인은 아버지께서 살아생전 "엄마 가신 뒤,/ 행여 쓸쓸하실까 노심초사"(「아버지의 뒷모습」)하는가 하면, "살랑이는 바람에도/ 깊은 기침을 토해내고/ 비틀비틀 흔들리며/ 힘겹게 내어 딛는 발걸음/ 거친 숨결에서/ 낡은 시간의 무게가 느껴지"(「가슴속에 내리는 비」)는 모습을 보고 속 울음이 울컥 솟구치기도 하고, 아버지 84세 때에는 "카톡, 카톡, 카톡/ '아빠가 딸 사랑해'/ 색색 하트 이모티콘과 문자"(「"아빠가 딸 사랑해"」)로 아빠가 딸 사랑한다는데 가슴이 미어질 때도 있었다. 또한 어머니 산소에 가던 날에는 시인의 남편이 "휘청이며 힘겹게 걷는 아버지께/ 말없이 손을 내밀어"(「그 손을 꼭 잡고」) 손을 꼭 잡고 천천히 산소로 향하는 모습에서 새삼 가족의 소중함을 드러낸다.

어느 여름날, 후덥지근한 부엌
가족의 식사를 위해
늘 분주하셨던 뒷모습을 기억합니다

가만히 뒤에서 껴안으면

땀과 함께 푸근했던 어머니의
냄새가 그립습니다

문밖을 나설 때면
차 조심하라며 등을 두드려 주시던
그 사랑을 마음에 간직합니다

어머니의 모든 것이 내 삶에 녹아있기에
문득 어머니가 보고 싶은 날
나는 거울을 보며
내 안에 계신 어머니를 바라봅니다

환한 내 미소에서
가족을 걱정하는 내 눈빛에서
어머니는 언제나
나를 보고 계시네요
-「어머니의 부엌」 전문

아버지보나 먼저 돌아가신 어머니에 대한 그리움은 한결 더 깊다. 생존해 계실 때의 어머니는 "가족의 식사를 위해/ 늘 분주하셨"고, "문밖을 나설 때면/ 차 조심하라며 등들 두드려" 주셨다. 가족 식사를 위해 부엌에서 일하시는 어머니를 "가만히 뒤에서 껴안으면/ 땀과 함께 푸근했던 어머니"였다. 그러니 그 어머니의 "냄새가" 그립다. 딸이 바깥에 나갈 때면 등 두드려 주신 그 "사랑의 마음"을 간직한다. 그만큼 "어머니의 모든 것"이 시인의 삶에 녹아있어 "문득 어머니가 보고 싶은 날"엔 "거울을 보며" 시인 마음속에 살아 계신 어머니를 본다. 그럴 때면 어머니는 딸이 "가족을 걱정하는 눈빛"을 바라보시며 위로해준다.

시인에게 어머니는 "졸음도, 더위도 견디시고/ 손끝이 얼어가는 추위도 참으며/ 따뜻함을 내어주던"(「엄마가 되고 보니」) 희생적인 분이셨다. 생각해보면 "환한 미소와 다정한 포옹으로 나를 반겨주시던/ 나의 어리광과 투정도 다 받아주시던/ 그래서 뵐 때마다 기분이 좋아지던/ 그런 분"(「기억의 저편」)이셨다. 어머니 돌아가신 후 시인은 "해마다 4월이면/ 가는 곳/ 오라 하지 않고/ 간다 하지 않아도"(「해마다 4월이면」) 어머니 묘소에 간다. 그때마다 철이 철인 만큼 무덤엔 쑥이 가득하다. "우리가 온다는 걸 알고 계셨던 걸까?/ 산소 위에 잔디를 비집고/ 쑥들이 예쁘게 펼쳐져 있다/ 생전 쑥을 그리 좋아하시더니/ 쑥떡이라도 해주시려 쑥을 준비하신 듯"(「무덤 위에 돋은 쑥」)하다는 시적 상상력은 참으로 눈물겹다.